炎上

ネット上で、特定の人物などに対して、批判や誹謗中傷が集まり、収まりがつかなくなる状態のこと。

アプリ（アプリケーションソフト）

SNSやゲーム、動画やチャットなど、特定の目的のためにつくられたソフトのこと。「アプリ」はアプリケーションソフトの略で、スマホやタブレット、パソコンにダウンロードして使う。

コミュニケーションアプリ

1対1の相手やグループにメッセージを送って、おたがいの考えや気持ちを伝え合えるアプリ。アプリ上の会話を「トーク」「チャット」などとよび、通話できるものが多い。日本では主に「LINE」とよばれるものを利用している人が多く、あいさつや感情などをかんたんに相手に伝えることができるスタンプも人気である。SNS同様、動画や写真を送ることもできる。

ダウンロード

ネット上の画像などのデータをスマホやパソコンへ受信することをいう。

アップ（アップロード）

スマホやパソコンから、ネット上に画像などのデータを送信することをいう。

課金

アプリの運営会社などが、サービスを利用した人に対して、サービスの利用に料金を請求すること。また、ゲームアプリなどで、アイテムを手に入れたり、追加のサービスを受けたりするために、利用者が運営会社にお金を払うことも「課金する」ということが多い。

「リスク」を知って、

「自分」を守る！

スマホマインドの育てかた

脳とからだにやさしい使いかた

監修＝奥村 歩

日本脳神経外科学会専門医
おくむらメモリークリニック理事長

保育社
HOIKUSHA

もくじ

1章 防ぎたい　からだへの影響

2章 守りたい　脳への影響

※本書の内容は、制作時点（2023年11月）のものであり、今後変更が生じる可能性があります。

はじめに

生活が変わると、習慣が変わる。習慣を変えると、脳が変わる。脳が変わると、人生が変わる。

人の脳が、最も発育するのは、10代です。この年齢の皆さんは、からだが育つと共に、脳も育って頭がよくなります。

皆さんの成長は、日々の生活習慣に大きな影響を受けています。例えば、食事。栄養のバランスのよい食事は、良好な発育をもたらしてくれます。食生活の大切さは、一生涯にわたって続きます。スマホとのつき合いも同じです。しかし、私たちは、食事にはとても気をつかうのに、スマホに対しては無警戒！

たしかにスマホは、検索・通信・娯楽などを1台でこなせるとても便利な道具です。それだけに、スマホの罠にはまってしまう人は多いのです。皆さんのまわりで、大人でも「だらだらスマホ」「ながらスマホ」をしている人をよく見かけますよね。しかし最近、医療現場では、スマホの使いすぎによる健康への被害が心配されています。「過度なスマホ」が脳に及ぼす影響は、暴飲暴食がからだにあたえるダメージと同じことなのです！

本書には、スマホのリスクが、わかりやすく記されています。大人はスマホの扱いかたに戸惑っています。それは世に登場して間もないからです。でも、社会の遅すぎる対応を、皆さんは待っていられません。今が、皆さんにとって、最も大切なときなのだから。

皆さんを変えることができるのは、保護者でも友人でも先生でもありません。自分を育てるのは自分なのです。だからこそ、本書で紹介されているリスクを知って、自身がしっかりとした気持ちでスマホを使いこなすマインドをもってください。そして自分の心とからだを自分で守ってください。指南役ココロン（P5）は、皆さん自身なのです。

日本脳神経外科学会専門医
おくむらメモリークリニック理事長　奥村 歩

その不調、スマホのせいかも!?

あ〜もう
だるーい

おいおい
まだスタートして
10分じゃんか

はやっ!!

だって もう
集中力
切れた〜

えーっ

放課後
ウチで勉強しようって
言ったのケンセイじゃん

なんかさ
最近めっちゃ
体調悪くてさ〜

も〜っ

夜は全然
寝つけないし

朝はスッキリ
起きられない

からだは
だるいし
やる気も
起きない

宿題も何から
手をつけたら
いいのか
わからないんだ

ボケ〜

ゲームで
夜更かししてるんじゃ
ないのー？
まぁ
それもあるかも
ギクッ
さっきの６時間目の
授業のこともあまり
覚えていないんだ……
みんなで先生のギャグに
ウケてたじゃない？
でもどんなギャグ
だったのか
まったく思い出せ
ないんだ……
やだ!!
おじいちゃん
みたい!!
よいしょ!!
はぁ〜
それってスマホの
せいかもしれないよ!!
ココロンが
教えてあーげる!!
ケンセイから
変なの
出てきたぞ!!
ぼく……
ついに幻が
見えてしまった？
ココロン？
だれ!?
かわいいかも
スマホを使いすぎると
心やからだのトラブルに
つながることも
あるんだ!!
みんながどのくらい
スマホを使っているか
チェックしてみよう!!

スマホ依存チェックをしてみよう！

スマホがないといても立ってもいられない！　スマホがやめられない！　そんな状態が「スマホ依存」だよ。自分では気づかないうちに、依存度が上がっているかもしれない。あてはまるものにチェックして調べてみよう。

- ☐ 最近、無意識にスマホをさわっていることが増えた。
- ☐ 目的もないのにスマホをいじってウェブサイトをチェックしている。
- ☐ 学校以外では、いつもスマホを手の届くところに置いている。
- ☐ 家にスマホを忘れたら、とても不安な気持ちになる。
- ☐ 食事中、テーブルの上にスマホを置いている。
- ☐ 思い出せないことや、疑問があるとすぐにスマホで検索する。
- ☐ 覚えておきたいものは、スマホで写真やスクリーンショットを撮る。
- ☐ ちょっと時間ができると、すぐにスマホを手にとる。
- ☐ 毎晩、寝るギリギリまでスマホを見ている。
- ☐ 一日中メールやコミュニケーションアプリをチェックして返信する。
- ☐ 作文や手紙を書くときに、参考になる文章をスマホでさがすことがある。
- ☐ 調べものをするときは、スマホの検索機能を使うことがほとんどだ。
- ☐ スマホの着信音がしたと思ったら空耳だったことがある。
- ☐ 友だちや家族からきく評判よりも、スマホの口コミのほうが重要だと思う。

チェック数0〜1 ▶まだ依存はしていなそう。この調子でスマホとうまくつき合っていこう。

チェック数2〜3 ▶依存ではないが油断は禁物。スマホにたよった生活にならないように注意して。

チェック数4以上 ▶スマホ依存の疑いあり！　脳がつかれてしまい、心やからだにトラブルが起こる危険性大だ。できることから改めよう。

＊ここで紹介しているチェックリストは『スマホ脳の処方箋』（奥村 歩著 あさ出版刊）を参考に作成したものです。

スマホの使用時間を調べてみよう！

自分が一日にどのくらいの時間スマホを使っているか、考えたことがあるかな？一度調べてみるといいよ。

使用時間の調べかた

用意するもの

ノート　3色の蛍光ペン(赤系､青系､オレンジ系など)

① スマホを使ったら、そのたびに「PM5:00〜5:15　友だちと電話」というように、時間とその内容をノートにメモしていく。

② 一日の終わりに、その項目を右のように分類し、3色の蛍光ペンを使って色分けする。

《項目を分類した参考例》

9月9日(土)

AM 8:00〜8:20 SNSチェック
AM10:00〜11:00 ネットサーフィン
PM 2:00〜3:00 スマホゲーム
PM5:00〜5:15 友だちと電話
MEMO

PM 8:50〜8:55
塾を出るとき母に電話
PM10:00〜11:00
マンガを読む
MEMO

● 絶対にスマホを使わなければいけなかった時間→青

● 必要でもないのにだらだらスマホをさわっていた時間→赤

● 赤にも青にもあてはまらないけれどリフレッシュできた時間→オレンジ

こうするとどんなことにどれだけスマホを使っているか、一目でわかるね！

赤マーカーのだらだら時間を減らさなきゃ。

スマホの機能を利用する

スマホには、使用時間を確認する機能もついています。Androidの「Digital Wellbeing」や、iOSの「スクリーンタイム」という機能を利用すると、一日の使用時間や、1週間の平均使用時間、アプリごとの使用時間などをかんたんに知ることができます。また、アプリごとに利用する時間を制限することも可能です。

スマホ依存はからだに不調があらわれてくる!?

はーい ケンセイくん
これ見えますか？
かすんで
見えないかも……
うそでしょ!!
ケンセイ めっちゃ
視力悪く
なってるじゃんか!!
うーーん
スマホの
光が寝つきを
悪くするって
聞いたことあるけど……
ケンセイの
寝不足も
そのせい？
朝スッキリ
起きられないのも
スマホの使いすぎが
原因なのかな？
えっ
えっ
みんな
よく知ってるね!!
でもほかにも
たくさんあるよ
くわしく
見ていこう!!
ぼくの
からだ
ヤバイことに
なってる!?

スマホの使いすぎによるトラブル 1

目が悪くなる

スマホの画面に顔を近づけて、長時間じっと見つめていないかな？　そうすると、目がつかれたり、まばたきが少なくなって目の表面がかわく「ドライアイ」という病気になったりする。そのせいで目がかすんだりゴロゴロしたり、視力が低下したりすることもあるんだ。

目が悪くなるのを防ぐために

スマホを顔に近づけすぎない

スマホを見るときは、目とスマホを30cm以上離すようにしましょう。

一度定規を使って30cmの位置を測ってみるといいね。意外と遠いよ。

画面から視線を外したり、まばたきをしたりする

スマホを利用中、意識して画面の外を見たり、まばたきをしたりしましょう。それだけで、目のつかれやかわき具合がずいぶんよくなります。

30分以上見続けない

1回にスマホを使う時間を短くしましょう。長くても30分。それ以上になってしまいそうなら、30分たったら1回休みを入れましょう。

スマホの使いすぎによるトラブル 2

耳が悪くなる

スマホで動画や音楽を見たりきいたり、ゲームをしたりするために、長くイヤホンをつけていると耳に負担がかかる。それで耳のきこえが悪くなることがあるよ。音量がだんだん大きくなっていることも多く、それも耳によくないんだ。

耳が悪くなるのを防ぐために

イヤホンを使うのをなるべくひかえる

耳への負担を減らすために、できるだけイヤホンやヘッドホンを使わずに、スマホから出る音を直接きくようにしましょう。

スマホの使用で起こる聴力の低下を「スマホ難聴」というよ。少しずつきこえが悪くなるから、気がつかないうちにひどくなってしまうこともあるんだ。

アプリで聴力検査をしてみよう!

スマホで利用できる聴力検査アプリはほとんどが無料です。右耳、左耳、それぞれのきこえ具合や、耳年齢などを調べることができます。もしもきこえが悪いようなら、病院できちんと検査をしましょう。

音がきこえたら画面にタッチするなどして検査する（検査にイヤホンを使うので、やりすぎは禁物）。

スマホの使いすぎによるトラブル 3

寝つきが悪くなる

ぐっすり、たっぷり眠ることは、成長や健康のためにとても大切なことだね。でも、寝る前に長くスマホを見ていると目がさえて、寝つきが悪くなり、睡眠不足になりやすい。これは、眠気を起こすためにはたらく「メラトニン」という物質が、脳内でつくられるのをスマホなどの明るい光が、じゃましてしまうからなんだ。

暗いなかにいると

「睡眠ホルモン」と呼ばれるメラトニンは、朝起きてから14時間くらいたつとつくられはじめ、明るい光の下ではつくられません。スムーズに眠りにつき、ぐっすりと眠るためには、メラトニンの力が必要です。

スマホによって起こる不眠症では、眠りが浅く夜中に目が覚めてしまう、朝も早く目が覚めてしまうなどという症状がみられます。

夜スマホをずっと見ていると

スマホやパソコンなどのディスプレイの光が脳を刺激して眠くなるのを妨げるとされているよ。

寝つきが悪くなるのを防ぐために

寝る前はスマホをさわらない

スマホを使うのは、寝る時間の2時間前までにするよう心がけましょう。つい手にとってしまいがちなので、リビングなどに置くといいでしょう。もし寝室に置く場合はかばんのなかに入れて、電源を切っておくといいでしょう。

暗いところでスマホを見ない

暗いところでスマホを見るとき、自然とスマホを目に近づけていませんか？　近づけすぎると、目のレンズ（水晶体）の厚さを調節するための筋肉（毛様体筋）が緊張状態になり、目がつかれやすくなるといわれています。そのためスマホを見るときは明るいところで目から離して見るようにしましょう。

寝る前に、テレビを見たり、
ゲームをしたりするのもやめよう。
部屋の電気も暗くしたほうが
ぐっすり眠れるよ。

睡眠不足は、肥満の
原因にもなるんだって。

ええっ！
それはまずいね。

スマホを近くで見たときの目の状態

目のなかにある筋肉、「毛様体筋」がレンズのはたらきをする水晶体の厚さを調節することで、人はものを見ることができています。
遠くのものを見るときは毛様体筋がゆるんで水晶体をうすくしピントを合わせ、近くのものを見るときは水晶体を厚くしピントを合わせています。このとき毛様体筋は緊張状態にあります。

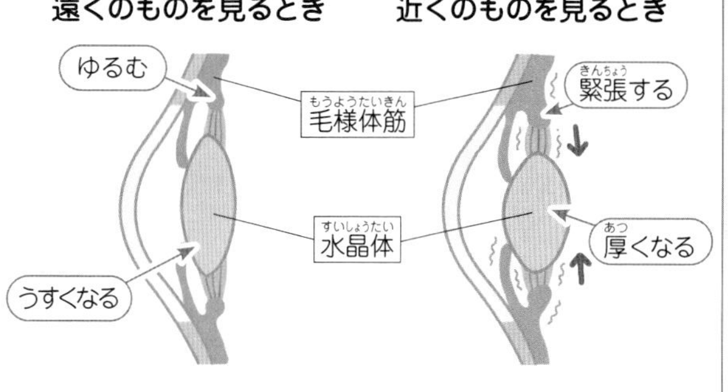

体力がなくなる

スマホを利用している時間が長くなると、その分からだを動かす時間が減ってしまう。だらだら過ごしてからだを動かしていなければ、知らないうちに体力が低下してしまうんだ。

からだがぐんぐん成長する小学生や、
中学生のときに、からだを動かさないでいると、
年をとってから健康でいることもむずかしくなるんだよ。

すると……

筋肉がおとろえる

からだを支え動かしている筋肉は、使っていないと弱くなっていきます。筋肉のおとろえは骨にも関係しているので、外遊びなどを通して、からだのあちこちの筋肉を動かすことがとても大切です。

生活リズムが乱れる

生活リズムが乱れていると、体力が落ち、つかれやすくなり、集中力も続かなくなってしまいます。

丈夫な骨にならない

骨はからだを動かして刺激をあたえることで丈夫になります。動かないでいると、折れやすい弱い骨になってしまいます。

集中力がなくなる

時間を決めずにだらだらスマホばかり見て過ごしていると、食事や睡眠の生活習慣が乱れ、からだに不調があらわれてきます。

体力の低下を防ぐために

外で遊ぶ時間をつくる

室内で遊ぶより、外で遊ぶほうがからだを動かすことにつながります。スマホを見る時間を外遊びの時間にかえていきましょう。

運動をする

体力をつけるために運動は欠かせません。運動が苦手ならば、散歩や家の手伝いなどでからだを動かしてもいいでしょう。

運動のメリット

運動をすると、体力がつくだけではなく、気分もスッキリします。おなかがすいて食事がおいしく食べられます。適度につかれて夜もよく眠れ、朝もちゃんと起きられます。筋肉も骨も強くなり、血液の流れもよくなってからだが丈夫になるなど、たくさんのよい効果があります。

アプリで歩数を記録しよう

歩くことは運動にもなり、健康のためには成人で一日8,000[※1]歩以上歩くといいとされます。自分は一日何歩くらい歩いているかわかりますか？　スマホには歩数を記録する機能がついています。休みの日に一日持ち歩いて調べてみるのもいいでしょう。

★スマホはかばんに！
歩きながらスマホを見るのはダメだよ！

厚生労働省の令和元年の調査[※2]では、
20歳以上の男性は6,793歩、
女性は5,832歩が一日の平均歩数。
8,000歩歩くのは意外と大変なんだね。

出典：※1「健康日本21（第三次）推進のための説明資料」（厚生労働省）より。　※2「令和元年国民健康・栄養調査結果の概要」（厚生労働省）より。

姿勢が悪くなる

スマホを見るときに、背中を丸めて前かがみの姿勢を長く続けていないかな？

その姿勢のまま筋肉がかたまってしまうと、首が痛んだり、肩がこったり、頭痛がしたりするようにもなるんだ。

姿勢が悪くなるのを防ぐために

ずっと下を向いていると、二重あごにもなりやすいので注意して。

のびなどをして姿勢を変える

30分以上、同じ姿勢でスマホを見続けるのをやめましょう。ときどきのびをしたりして筋肉をほぐしましょう。

ストレートネック

首の骨は、重たい頭を支える負担を減らすために本来少し曲がっています。それが、悪い姿勢でスマホを見続けているとまっすぐな状態でかたまってしまいます。そんな首を「ストレートネック」、または「スマホ首」といいます。

ストレートネックのチェックをしよう

きみの首は大丈夫？

かべを使ってチェックしてみよう。

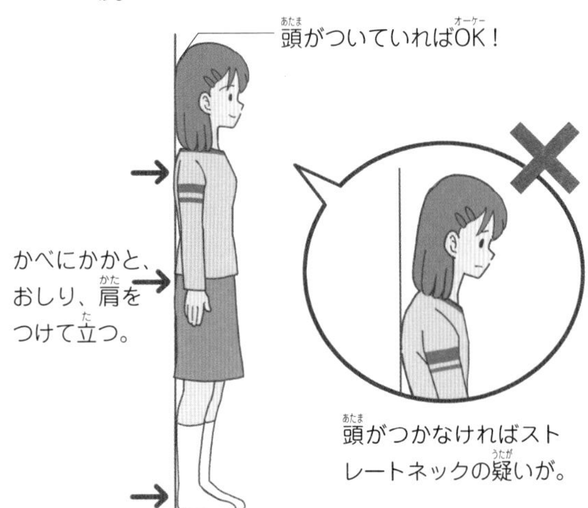

ストレートネックを改善するには入浴時など、からだが温まっているときに首から鎖骨にかけて筋肉をほぐしたり、首を回したりするのが効果的です。

スマホの使いすぎによるトラブル 6

指の変形や痛みにつながる

スマホを長時間持ち続けたり、指や手首に負担がかかる持ちかたをすることで、指が変形してしまったり、指や手首に痛みが出たりするよ。

指の変形や痛みを防ぐために

そういえば最近小指が痛いな。

正しい持ちかたを身につける

スマホを利用するとき、片手で持って小指で支え、その手の親指で操作するのは指や手首にとても負担がかかります。右のような正しい持ちかたをするように心がけましょう。

小指にとても負担がかかる持ちかた。

スマホリングをつける

スマホリングなど、スマホを安定して持つためのアイテムを利用して、指や手首への負担を減らしましょう。

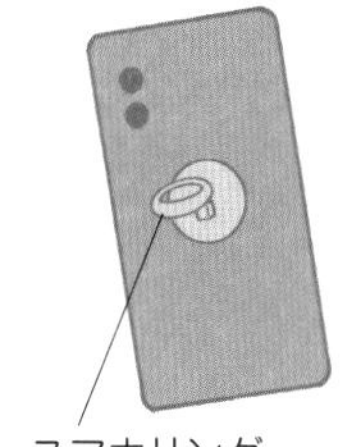

スマホリング

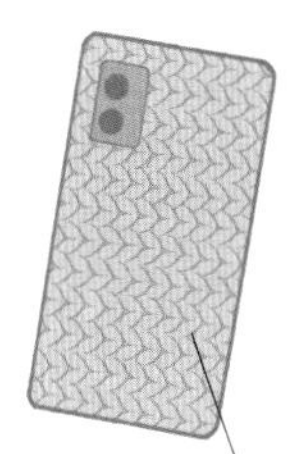

ケースにすべり止めがついている。

やってみよう！

正しくスマホを持とう

指や手首に負担をかけない持ちかたをして、変形や痛みを防ごう！

両手で持って
両手の親指で操作。

パターン2

片手で持って、
反対の手で操作。

どちらも、スマホは手のひら全体で支えるようにしてね。

目を休める習慣をつけよう！

スマホを長時間使い続けると、からだのあちこちに負担をかけることがわかったね。ときどき休けいする習慣をつけることが、スマホを利用する上でとても重要だよ。

筋肉をほぐす

視線を動かさずずっとスマホを見ていると、目はとてもつかれます。ときどき遠くを見たり目の筋肉を動かしたりして、緊張をほぐしましょう。首や肩を動かすのもいいですね。

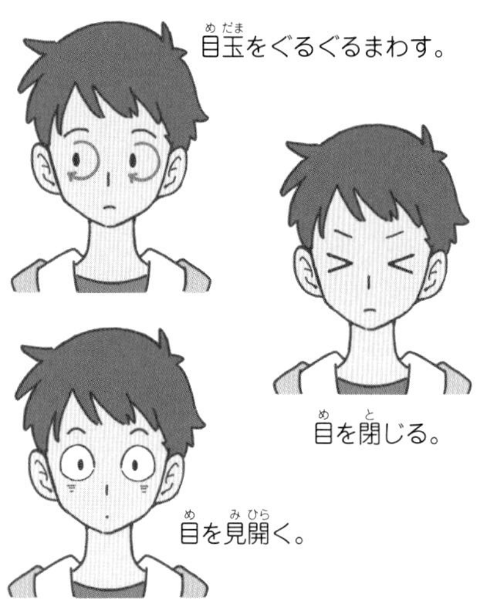

温かいタオルでリラックス

お湯につけてしぼったタオルや、蒸しタオルをあてて目元を温めると、目のまわりの血の流れがよくなります。目のつかれも、気持ちもやわらぎます。

水でぬらしてしぼったタオルをポリ袋に入れ、袋の口は閉めずに、レンジで温めると蒸しタオルができる。

温かいタオルをつくるときは、やけどに気をつけよう。手でさわれるくらいの温度に冷ましてから、使ってね。

脳の誤作動

スマホを使い続けて脳がつかれてしまうと、脳が誤作動を起こして、なんでもないところに痛みが出ることがあります。病院で検査してもどこも悪いところがない、そんなことが起こるのです。からだに休けいが必要なように、脳にも休みが必要です。

もっと知りたい!!

スマホのよいところを活用したい

なんだかスマホを使っているとよくないことばかりのような気がします。でも、スマホは上手に使えばとても便利な道具です。聴力を測れたり、歩数を記録できたり、下のように健康に役立つアプリや機能もたくさんあります。自分に合った機能のアプリを見つけて活用しましょう。

スマホを利用して、
健康に過ごすことを
考えよう。

例1 健康アプリ

自分のからだの状態を管理するアプリです。歩数や体重、睡眠時間、運動した時間、食事の内容などが記録できて、健康的な生活を送るアドバイスもくれます。

例2 婦人科アプリ

月経周期などを記録できるアプリです。自分のからだのリズムを知れば、体調や気分の変化も予測でき、予定を立てるときにも役立ちます。

プールに行こうよ。

その日は体調が悪そうだから、別の日に。

やっぱ、スマホは便利だよな。

便利だけど、使いすぎはだめって話だよ。

私に使えそうなものがあるかなぁ。

記録するのが面倒なのは続かなそうだよね。

脳がつかれる前にバランス感覚を身につけよう

SNS見るのも好きだし友だち関係もあるのに……
推し活も…
スマホを使うななんて無理!!便利だしスマホのない生活なんて考えられん!!
No!スマホNo!ライフ!
うん
うん
使っちゃだめとは言ってないよ!!
みんな食べものをイメージしてみて
ケーキが好きだからといって毎日2つずつ食べていたら太るし健康にもよくないってわかっているよね?
いつもバランスよく食事をとることで健康を保つことができる
お肉
野菜
みそ汁
ごはん
食事と同じでスマホもバランスよく使うことが大事なんだ!!
うーん わかるけど脳をつかれさせないスマホの使いかたのバランスって?
よくわかんない…
それじゃあスマホの使いすぎによるリスクを知ってバランス感覚を身につけていこう!!

スマホの使いすぎで、脳はつかれはてている

人間は、脳を使って考えたりからだを動かしたりする。心の動きも脳のはたらきによって起こるよ。つまり脳はさまざまな指令を出して私たちを動かすコンピューターのようなもの。スマホの使いすぎで脳がつかれてしまい、うまくはたらかなくなってしまうと、心やからだにさまざまなトラブルがあらわれるよ。

脳がつかれると起こること

考える力や創造力が低下する

記憶や感情をコントロールする力が低下する

集中力が低下する

気分が落ちこむ

やる気が出ず、新しいものをとり入れる力が低下する

脳疲労

脳でやりとりされるさまざまな情報は、「神経伝達物質」によって伝達されています。使えば使うほど減っていってしまう神経伝達物質ですが、脳にはリサイクルする機能がそなわっているため、普通に使っている分には問題ありません。

ただし、あまりに使いすぎるとそのシステムがたえられずにこわれてしまいます。そして、情報を伝える大切な神経伝達物質が不足してしまいます。この状態を「脳疲労」といいます。

デジタル情報を見続けていると、脳は大量の情報を処理しなくてはいけなくて脳疲労の状態になってしまうというわけ。脳疲労は脳の成長を止めることにもつながるんだ。

脳がない、脳がある

人間やイヌやネコなどには脳がありますが、脳のないイソギンチャクのような生きものもいます。脳がない生きものは脳からの指令がないのに、どうやってエサを見つけて食べているのでしょう。

イソギンチャクは触手にふれたエサをつかまえて食べますが、脳がないため、何がふれたのかなどの情報を整理して判断することはできません。右の図のように触手に何かふれれば、手あたりしだいぎゅっと縮みます。人が指や棒でつついても、ゴミがふれても縮みます。

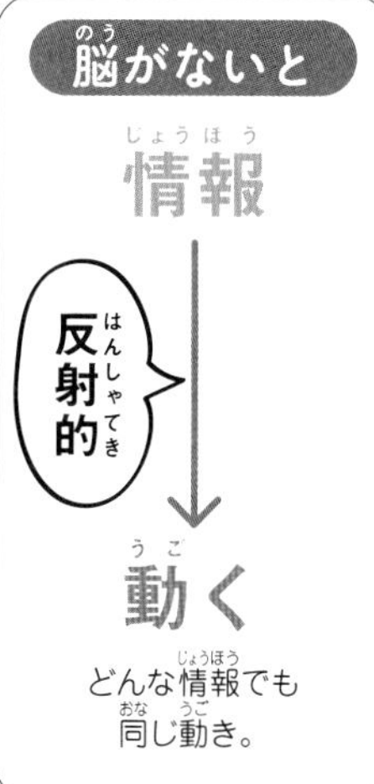

イソギンチャクがエサをつかまえる仕組み

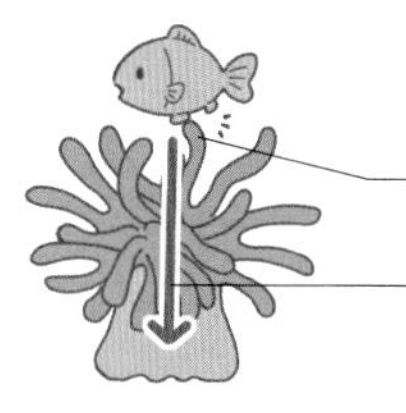

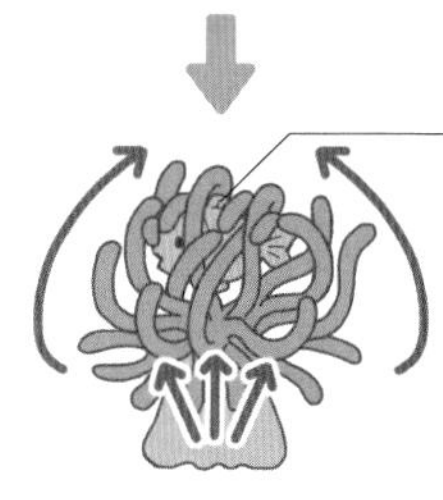

一方、脳のある生きものの場合、外から入ってきた情報は運動神経には直接つながらず、一旦脳に送られます。そして脳が情報を整理してどうするかを運動神経に伝えます。脳が、ふれたものが何であるかを判断するので、エサではないものにむだな動きはしません。脳のはたらきで、先のことも予想して行動できます。

脳がある生きもののなかでも、人間の脳はとても優れていて、たくさんの情報を処理することができる。でも、脳疲労になると、せっかくすばらしい脳があるのに、自分の心やからだをコントロールするのがむずかしくなるよ。きみたち10代は、まだまだ脳が成長していく大事な時期。脳の成長を止めないためにも、スマホが脳にあたえる影響をよく理解して、生活習慣を考えていこう。

スマホの使いすぎによるトラブル 1

考える力や創造力が低下する

スマホは、調べものをするのに、とても便利な道具だね。でも、なんでもスマホで解決して、自分で考えることをやめていると、脳が十分な力を発揮できなくなってしまう。問題を考えたり、予測したりするのは脳の大切なはたらき。使っていないとその力がどんどんおとろえてしまうんだよ。

すると……

理論的に考えられなくなる

考える力が低下すれば、ものごとを順序立てて考えられず、単純なことしか理解できなくなってしまうでしょう。うそだとわかることでも見ぬくことができず、だまされてしまうかもしれません。

工夫やチャレンジをしなくなる

アイデアを思いつくのは、創造力あってのことです。創造力が低下していると、がんばろうという気持ちもわいてきません。

スマホで確かめないと何もできなくなってない? 脳がおとろえちゃって、理論的に考えられないと、スマホの使いすぎが悪いことも理解できなくなるかもしれないよ。

ぼくは、スマホをうまく使いこなしてると思うんだよなぁ。

すでに理解ができていないのか?

考える力、創造力の低下を防ぐために

検索する前に自分で考える

いきなりスマホで検索するのはやめましょう。まず初めは自分の頭を使って考えたり、思い出す努力をするように心がけたりすると、その分脳を使うことにつながります。

自分の脳をなまけさせない調べものの方法

- 検索する前に、まず**1分だけは自分で考える**など決める。
- **辞書**や**図鑑**など、スマホやパソコン以外のツールも使って調べる。図書館や博物館などに行って、**足を使って情報を得る**ことも大切。
- ネットの情報はまちがっていることもあるので、**そのまま信じないようにする。**
- ネットで調べたことを、そのまま写して宿題などに使わない。**自分の頭で一度しっかり理解し整理する。**

調べものをしたら手書きでメモをとる

調べものをしても、スマホで写真を撮って終わりにしていませんか？　それでは頭に入りません。手書きでメモを取ると、脳が刺激されてよくはたらきます。

わかりやすくまとめてメモをとる工夫をすることで、さらに頭に情報がしっかり入り、あとで思い出しやすくもなるんだよ。

スマホの使いすぎによるトラブル 2

集中力がなくなる

スマホにたよった生活をしていると、常にスマホのことが気になってしまうようになるよ。スマホをさわっていないとなんだか落ち着かなくて、目の前のことに集中できなくなってしまうんだ。

頭に霧がかかったようにぼんやりとして、ものごとに集中できないよ。

すると……

成績が落ちる

勉強に集中できなければ、当然、学んだことも頭に入りませんし、しっかりと考えて問題を解くこともできません。成績も落ちてしまいます。

うっかりミスが増える

作業に集中できず、気が散ってしまい、単純なミスが増えます。

スマホを使う時間を減らせば、勉強に集中できるかも。

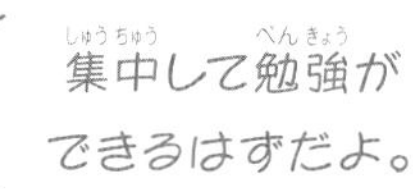

集中力の低下を防ぐために

時間を決める

コミュニケーションアプリが気になってしょっちゅうスマホを手にとってしまう人が多いようです。１時間に５分だけなど、チェックをする時間を決めましょう。

食事中などはさわらない

食事中や、人と話しているときなどは、スマホをできるだけ離しておきましょう。目の前のものに集中することが大切です。

おふろやトイレに持ちこまない

なかなかスマホから離れられない人も、せめておふろとトイレに入るときだけは、脳を休めるためにもスマホを持ちこまないようにしましょう。

目覚まし時計がわりに使わない

目覚まし時計がわりにスマホを使うと、つい眠る前にもスマホを見てしまいがちになります。また、朝、アラームの音を消してからそのままスマホを見てだらだらしてしまう人もいるでしょう。そうならないためにも寝室には、できるだけスマホを持ちこまないようにしましょう。

スマホの使いすぎによるトラブル **3**

記憶や感情のコントロール機能が低下する場合がある

脳は、入ってきた情報をきちんと整理して片づけるはたらきをしている。でも脳がつかれていると、情報の整理が追いつかなくて、記憶したものがうまく出てこなくなったり、自分の気持ちがコントロールできなくなってしまったりするよ。

すると……

もの忘れがひどくなる

待ち合わせの時間を忘れたり、人やものの名前がうまく出てこなくなったりします。年をとってから、さらにひどくなる可能性があります。

すぐおこったり泣いたりする

気持ちがうまくコントロールできなくなると、気持ちが不安定になって、とつぜんおこり出したり、泣き出したりするようになります。ちょっとしたことで、とても落ちこみやすくなり、イライラも強くなります。

脳のなかで情報がきちんと片づけられていないから、人と話していても、うまく言葉が出てこなくなったり、会話のスピードが遅くなったりすることもあるよ。

友だちもいなくなっちゃいそう……。

スマホの使いすぎによるトラブル 4

やる気が出なくなる

情報をスマホからばかり得ていると、人と会って話すことの楽しさや外に出て新しい発見をする機会がなくなってしまうよ。

すると……

意欲がなくなりだらだら過ごすようになる

スマホを見る以外のことをする気持ちが起きなくなります。だらだらとスマホを見続けて、ますます悪い状態になっていきます。

やりとげる、実行する力が低下する

スムーズにものごとを進めるために計画を立てたり、実行に移したりするのが面倒になります。たとえ何か始めたとしても、途中でやる気がなくなったり、ほかのことに気をとられたりしてしまい、最後までやりとげることもむずかしくなります。

やる気がなくて、何にも興味がわかないし、新しい情報を吸収する力もなくなっちゃうよ。

そんなふうになったら毎日が楽しくなくなっちゃう……。

記憶や感情のコントロール機能、やる気の低下を防ぐために

ノーメディアデーをつくる

脳に入る情報の量を少なくし、スマホ以外のものごととのかかわりを増やすことができるように、スマホを見ない日をつくってみましょう。さらに、パソコン、テレビ、ゲームなどスマホ以外のメディアも消す、ノーメディアデーにも挑戦しましょう。

メディアから離れられれば、
考える力や創造力、集中力の低下など、
ほかの悪影響を防ぐことにもなるよ。
少しずつレベルを上げて、がんばって！

レベル設定の例

レベル1 ★	食事中は見ない
レベル2 ★★	寝る２時間前からは見ない
レベル3 ★★★	使用時間を一日１時間以内にする
レベル4 ★★★★	１週間に一日はノーメディアデーをつくる

あいた時間の過ごしかた

食べるばかりで運動しなければからだに悪いように、スマホなどから大量の情報を頭にとり入れ続けていると脳の具合が悪くなります。その情報を自分の行動に役立て、脳が情報を外に出す時間が必要です。

ノーメディアデーにとり組んでできた時間を、外遊び、散歩、読書、勉強、お手伝い、友だちや家族との会話など、さまざまなことに利用していきましょう。それが脳にたまった情報を使うことにつながり、脳を元気にしてくれます。夜遅く、スマホを見ていた時間は睡眠時間にあてるといいですね。

ノーメディアチャレンジシート

１週間のノーメディアにチャレンジしよう！　まず、どんなチャレンジをするのか目標を決め、目標を達成できたかどうか記録に残していこう。目標をクリアできたら、少しずつレベルを上げた目標にしていくといいね。

チャレンジ目標

このシートをコピーして記録しよう。何回も挑戦してね。

《目標の例》

- 食事中はテレビやスマホを見ない。
- メディアは一日２時間まで。
- 夜８時を過ぎたらノーメディア。
- 一日中ノーメディア！

チャレンジカレンダー

1週間チャレンジしてみて、毎日、目標達成度合いの印を記入しよう。

目標達成◎　だいたいできた○　少しはできた△　できなかった✕

※チャレンジするのを休んだ日は、マスに斜線を引こう。

月	火	水	木	金	土	日
月　日	月　日	月　日	月　日	月　日	月　日	月　日

★何曜日からスタートしてもいいよ。

あいた時間にやってみたこと、今度やりたいこと、チャレンジしてよかったこと、大変だったことなどを書いてみよう。

上手に脳を休ませるには 切り替えタイムが大切！

スマホから脳への悪い影響を防ぐために、ノーメディアのほかに効果があるのが「切り替えタイム」。脳を休ませ、ぼんやりしたりする時間だよ。

切り替えタイムとは

スマホを見ているとき、脳はとてもいそがしくはたらかされています。脳にも休みが必要です。脳にはもともと自分で疲労を回復する機能がそなわっていて、そのときには「デフォルトモード・ネットワーク」という特殊な回路がはたらきます。その回路のスイッチを入れるのが「切り替えタイム」です。

デフォルトモード・ネットワークをはたらかせるということはパソコンやタブレットの動作が重いときに、不必要なアプリを終了することで動作をスムーズにするのと同じだよ。

いそがしくはたらいている脳
「作業脳」

切り替えタイム
デフォルトモード・ネットワークが起動！

省エネモードの脳
「休息脳」

脳が回復してスッキリ！

	作業脳	休息脳
はたらき	目の前の刺激にすばやく対応する。周囲の変化に目を向ける。	「自分はどうあるべきか」など自分を見つめ直す。ひらめきをうながす。
使っている脳の回路	ワーキングメモリ	デフォルトモード・ネットワーク
起動のきっかけ（日常生活での行動例）	外からの刺激を受けたとき（勉強、スマホ・パソコンの使用など）	ぼんやりしたとき（散歩や皿洗いなど、リズム運動・作業）
そのときの意識	特定のことに集中している状態	無意識
現代人の脳の傾向	使いすぎでつかれてしまっている	使われずにさびついてしまっている

切り替えタイム

切り替えタイムには どんな効果がある？

切り替えタイムを毎日の生活のなかに取り入れると、つかれている脳が回復して、さまざまな効果が期待できるよ。

自分の将来をよく考える力が出る

いそがしく目の前の作業をしている脳には、自分を見つめ直すよゆうがありません。でも、切り替えタイムには、外の世界でなく自分の内側に意識が向き、これからどうすればいいかなどの考えが生まれます。

ひらめきや創造力が豊かになる

おふろに入ったりしてぼんやりしているときに、不意にいいことを思いつくことがありませんか？ 切り替えタイムの脳は、無意識のうちに記憶をつなぎ合わせるはたらきをしています。そこから、豊かなひらめきや創造力が生まれてきます。

脳の成長をうながす

脳疲労は脳の成長を止めてしまいますが、脳の回復機能をはたらかせれば、脳がスムーズに成長するようになります。

記憶力がアップする

脳がつかれているときには、頭のなかの情報はごちゃごちゃで片づかないまま。それが整理、整とんされるので、記憶力が高まります。

おお、切り替えタイムすごいね！

ひょっとして、勉強の息抜きにスマホってだめなのか？

そう！ 脳はますますつかれちゃうからね。息抜きには切り替えタイムがおすすめだよ。

切り替えタイムで

切り替えタイムには、1、2、1、2と単調なリズムで同じ動作をくり返す「リズム運動」がおすすめだよ。脳がリラックスしてぼんやりした状態になれるんだ。ここでは毎日の生活で習慣にしやすいリズム運動を紹介しているのでやってみてね。

どれも15～30分程度すれば大丈夫。体調も整うよ。

散歩をする

のんびり歩いていると、いろいろなことが思いうかんだりします。これは脳がリラックスしている証拠です。

サイクリングをする

リズミカルにペダルをこいでサイクリングすると、気分もリフレッシュします。

皿洗いをする

何も考えずにできるような単純な作業は切り替えタイムにぴったりです。無心になって取り組みましょう。

上ばきを洗う

上ばき洗いも、頭を空っぽにしての作業に向いています。ひたすらゴシゴシこすって、きれいにしましょう。

脳をスッキリ！

プチ座禅をする

座禅をしているときに行う、規則正しい呼吸はリズム運動につながります。

用意するもの

座布団２枚

準備

- **スマホや時計は目に入らないところに置く。**
- **リラックスできる服装をし、くつ下はぬぐ。**
- **座布団１枚を床にしき、もう１枚を二つに折ってその上に置く。**

① 二つに折った座布団におしりを乗せ、左足を下、その上に右足を置くように、あぐらをかいて座る。

② 右手の手のひらを上に向け、その上に左の手の甲を乗せ、両手でだ円の輪をつくり、そのまま組んだ足の上に乗せる。

③ ゆっくり時間をかけて鼻から息をはき、吸うときは、はくときより短い時間で鼻から吸う。鼻の前にティッシュがあるとイメージし、ゆれないくらいのゆっくりした呼吸を続ける。

「切り替えタイム」で心もからだもイキイキ！

友だちとSNSでやりとりしてたらもう1時間もたってる!!

切り替えタイムしよ!!

OK
って新スタンプで返信っと!!

さっそく切り替えタイムを取り入れたぼくたち……

お茶をいれて切り替えたり

ペットの散歩に行ってみたり

よしよし!! もうそろそろ帰ろうな……

ん!?

ワンワン!!

カー
カー
カー
カー
わぁ……キレイな
夕日だな～……
数日後
行って
きまーす
ケンセイくん
最近元気よく
登校してるね!!
スマホを使う
時間を減らす
意識をしてから
早寝早起き
できるように
なったよ!!
みんな!!
おはよう!!
おはよ～
よ!!
ケンセイ!!
ココロン!!
おはよ～

みんなが
切り替えタイムを
実践してくれて
本当に
うれしい!!
前よりみんな
キラキラしてる
これからも
スマホと上手に
つき合いながら
自分の心も
からだも大切に
していってね!!
さっ!! リラックスするために
深呼吸しよっか!!
せーの!!
すぅーー はぁーー…
もう
大丈夫だね
ケンセイ
くん!!
スゥ…

さくいん

監修者プロフィール

奥村　歩（おくむら・あゆみ）

日本脳神経外科学会専門医、おくむらメモリークリニック理事長
1961年生まれ。長野県出身。岐阜大学医学部卒業、同大学大学院医学博士課程修了。アメリカ・ノースカロライナ神経科学センターに留学後、岐阜大学附属病院脳神経外科病棟医長併任講師等を経て、2008年におくむらメモリークリニックを開設。認知症やうつ病に関する診察を専門とする。日本脳神経外科学会（評議員）・日本認知症学会（専門医・指導医）・日本うつ病学会などの学会で活躍。著書に『その「もの忘れ」はスマホ認知症だった』（青春出版社）、『ねころんで読める認知症診療』（メディカ出版）、『脳のゴミを洗い流す「熟睡習慣」』（すばる舎）、『スマホ脳の処方箋』（あさ出版）などがある。

「リスク」を知って、「自分」を守る！ スマホマインドの育てかた
脳とからだにやさしい使いかた

2024年1月5日発行　第1版第1刷©

監　修　奥村 歩
発行者　長谷川 翔
発行所　株式会社 保育社
〒532-0003
大阪市淀川区宮原3－4－30
ニッセイ新大阪ビル16F
TEL 06-6398-5151　FAX 06-6398-5157
https://www.hoikusha.co.jp/
企画制作　株式会社メディカ出版
TEL 06-6398-5048（編集）
https://www.medica.co.jp/
編集担当　中島亜衣／二畠令子／佐藤いくよ
編集制作　株式会社 KANADEL
編集協力　漆原　泉
校　正　荒井　藍
装　幀　有限会社 Zapp!
本文デザイン　有限会社 Zapp!
マンガ　アベナオミ
キャラクター　アベナオミ
本文イラスト　さゆ吉
印刷・製本　株式会社精興社

本書の内容を無断で複製・複写・放送・データ配信などをすることは、著作権法上の例外をのぞき、著作権侵害になります。

ISBN978-4-586-08663-4　Printed and bound in Japan

乱丁・落丁がありましたら、お取り替えいたします。